AF383943

MÉMOIRE

SUR

LA NÉCESSITÉ DE FAIRE ADMINISTRER

L'IMPRIMERIE ROYALE,

D'APRÈS LE SYSTÈME SUIVI EN 1789.

JUIN 1814.

MÉMOIRE

SUR LA NÉCESSITÉ DE FAIRE ADMINISTRER

L'IMPRIMERIE ROYALE,

D'APRÈS LE SYSTÈME SUIVI EN 1789,

ET DE RESTREINDRE SES ATTRIBUTIONS ACTUELLES;

PAR F.-J. BAUDOUIN,

DÉPUTÉ SUPPLÉANT ET IMPRIMEUR DE L'ASSEMBLÉE CONSTITUANTE, DU CORPS
LÉGISLATIF, ET DOYEN DES IMPRIMEURS DE PARIS.

L'UTILITÉ d'une Imprimerie spécialement affectée au service du
Gouvernement n'a jamais été contestée. L'intérêt le plus pressant
de l'État commande en effet que certaines impressions demeurent
secrètes jusqu'au moment de leur publication ; que d'autres, surtout
dans la partie financière, soient revêtues d'un caractère d'authenti-
cité qui les garantisse des entreprises criminelles des contrefac-
teurs et des faussaires.

Les types de l'Imprimerie Royale ont atteint ce but. En effet, il
est aisé à l'œil le moins exercé de distinguer les caractères de
l'Imprimerie Royale de tous les autres caractères de l'Europe.

Les beaux ouvrages dus à la munificence royale et aux soins de
ses anciens Directeurs lui ont acquis une juste célébrité.

Mais doit-il résulter de ces avantages , et comme une condition
essentielle de sa prospérité , qu'il faille conserver son organisation actuelle, substituée au mode d'administration suivi jusqu'en
1789 depuis cent cinquante ans ?

(2)

Les premiers auteurs de ce changement n'ignoraient pas de quel préjudice il devait être pour l'Etat, et quels résultats funestes pouvaient en devenir la suite ; mais à l'époque désastreuse de 1793, s'agissait-il de calculer la perte ou le gain qu'un nouveau système pouvait produire? Le seul but était alors de créer une puissance d'opinion dont les moyens de propagation n'étaient pas assez étendus. Les discours, motions, opinions, instructions, circulaires, adresses et journaux devaient, au même instant, et avec la rapidité de l'éclair, être portés jusqu'aux extrémités les plus reculées de la France. Déjà l'Imprimerie Royale avait été mise en réquisition, mais elle ne marchait point assez vîte. Le nombre de quelques-unes de ces impressions s'élevait jusqu'à un million d'exemplaires : pour les exécuter avec la célérité requise, des établissemens immenses devenaient donc indispensables.

Ainsi, sans compter l'Imprimerie exclusivement réservée aux travaux particuliers des Assemblées, celle du Comité de salut public, dirigée par un affidé chargé de toutes les impressions secrètes, l'Imprimerie Royale, transformée en Imprimerie de la République, trente autres Imprimeries de Paris étaient également occupées à la fois de tous ces ouvrages, que réimprimaient ensuite tous les Imprimeurs de province pour les sociétés populaires.

Jusqu'à l'arrivée de M. Necker, les attributions de l'Imprimerie Royale s'étaient bornées :

1°. Aux départemens ministériels moins nombreux, et dont les impressions étaient beaucoup moins considérables qu'elles ne le sont devenues depuis ;

2°. Aux ouvrages dont la libéralité du Roi ordonnait la remise gratuite aux auteurs, sauf les exemplaires de présent, et ne formaient pas, comme par la suite, un objet de spéculation (1).

Le cabinet, la chapelle, les bâtimens du Roi, la loterie, les cours souveraines, l'intendance, les domaines, les postes et d'autres

______

(1) La régie de l'Imprimerie de la République retenait le tiers des exemplaires pour compenser les frais d'impression.

administrations étaient, en quelque sorte, le patrimoine d'autant d'Imprimeurs de Paris.

Le Bulletin des Lois n'existait pas. Quelques édits, déclarations du Roi, et arrêts du conseil, publiés de loin en loin, étaient, en ce genre, les seules lois dont était chargée l'Imprimerie Royale. Les états, tableaux, registres nécessaires aux divers ministères, faisaient la base de son travail le plus ordinaire.

L'Imprimerie Royale n'occupait donc qu'un nombre borné de presses suffisantes à son action journalière; et quand des causes particulières et accidentelles y amenaient plus de travail, le Directeur invoquait, avec confiance, le secours des Imprimeurs de Paris qui se sont toujours empressés de répondre avec désintéressement, à son invitation.

Aux époques de l'assemblée des Notables et de la convocation des États Généraux, l'extrême rapidité exigée dans le service, forcèrent M. Duperron d'établir une succursale à l'Imprimerie Royale dans sa propre maison, rue des Orties, près le Louvre. Précédemment les besoins du ministère de la guerre avaient nécessité de monter une imprimerie à Versailles, dans l'hôtel même de ce ministère. Ces deux imprimeries dérivant de celle du Louvre, lui appartenaient également, et de la manière qui va être indiquée.

La direction de l'Imprimerie Royale avait été confiée par Louis XIV à MM. Anisson-Duperron, sur la présentation de Colbert qui les avait mandés exprès de Lyon.

L'organisation de cette Imprimerie était simple. Les poinçons et les frappes appartiennent à la couronne. Par conséquent les caractères qui en proviennent, sont également sa propriété, mais pour le type seulement. Donc l'usage exclusif doit, par cette raison, et encore par celle déjà expliquée de la sûreté et de la confiance publiques, en être réservée au Gouvernement. Ils ne peuvent, sans compromettre la responsabilité du dépositaire, être mis dans le commerce, ni servir à d'autres ouvrages sans une permission expresse. Tout le matériel des caractères et du surplus de l'établissement, nécessaires à son activité avait été acquis par MM. Duperron, et de leurs deniers. Ils en avaient fait l'avance, ainsi que de la main-d'œuvre. Pour les en indemniser, le paiement des impressions s'effectuait d'après le tarif des prix convenus pour chacun des objets livrés à l'impression.

Dans ces prix étaient évalués :

1°. La main-d'œuvre ;

2°. Les étoffes (1) ;

3°. Le bénéfice légitime et raisonnable qui lui était dû pour ses peines et soins ;

4°. Le prix du papier, d'après des modèles et des prix fixés et arrêtés.

Avant d'ordonnancer les mémoires, on s'était assuré que tous les objets commandés avaient été livrés et reçus, et qu'ils étaient, en tout, conformes au modèle prescrit pour la qualité et la grandeur du papier, comme pour l'exécution. Les Ministres avaient un grand intérêt à cette surveillance, puisqu'ils n'avaient que très-peu de fonds affectés à cette dépense.

On voit que, par cet arrangement très-sage, le directeur de l'Imprimerie Royale était gardien, dépositaire responsable, et usufruitier de tout ce qui en appartenait au Roi, tandis qu'il était propriétaire de tout le reste. Pour l'en déposséder légalement, il aurait fallu, d'après un inventaire régulier et l'estimation préalable, lui en faire le remboursement.

Le directeur était, en outre, responsable du secret et de l'exactitude du service. Sa responsabilité n'était pas une chimère. Elle reposait d'abord sur sa propriété de tout le matériel, et encore sur un brevet de retenue de quatre cent mille francs, volontairement

---

(1) On entend par *étoffes* la somme allouée indépendamment de la main-d'œuvre, comme compensation des dépenses, telles que le loyer, l'encre, l'usure des caractères, des ustensiles et des autres fournitures accessoires, l'entretien et l'intérêt du fonds, le chauffage, l'éclairage, etc.

élevé à cette somme pour assurer dans la famille la conservation d'une place qu'elle regardait comme son patrimoine, et naturellement érigée en charge par ce moyen. Les compétiteurs s'en seraient donc trouvés écartés par la difficulté de rembourser un cautionnement de cette importance, et qu'il n'était pas d'ailleurs dans l'intérêt public d'effectuer.

Le Contrôleur général Turgot crut remarquer quelques vices dans la manière dont les mémoires d'impressions étaient rédigés et présentés. Les tarifs n'étaient pas uniformes pour les ministères ; ils opéraient de la confusion dans la comptabilité. Ils furent remplacés par un tarif unique, dont les prix étaient basés sur la valeur intrinsèque lors actuelle des objets. Ce travail fut confié par le Ministre à une commission spéciale dont je fus à seize ans le secrétaire ; et comme, plus on est jeune, plus les objets s'impriment fortement dans la mémoire, tous les renseignemens que je recueillis alors me sont demeurés présens.

Jamais cette administration, continuée pendant près de cent cinquante ans dans la même famille, n'a donné lieu à aucune autre réforme.

Telle a été jusqu'en 1793 l'organisation de l'Imprimerie Royale. A cette époque elle devint ce qu'on appelait une *propriété nationale*. Les biens de Duperron, juridiquement assassiné, furent confisqués.

Les trois divisions de l'Imprimerie Royale furent réunies et transférées à l'hôtel Toulouse, place des Victoires. On ne pouvait, certes, faire un plus mauvais choix (1).

---

(1) Le local ne convenait en aucune manière. Il était sombre et mal distribué, ce qui rendait l'exécution du travail plus pénible, la surveillance difficile et presqu'impossible, et augmentait de beaucoup la consommation des combustibles. On aurait pu disposer plus avantageusement de cet hôtel, même sans le vendre. On aurait évité des vols, des dilapidations, des dégradations, qui en ont diminué la valeur. On se serait épargné des dépenses immenses entièrement per-

La gestion de l'Imprimerie, alors de la République, fut confiée au commis principal de feu Duperron. Cet homme, peu versé dans les connaissances de la typographie, mais bien au fait de la manutention du service, exalté par l'idée de se voir à la tête d'un établissement aussi considérable, seconda parfaitement les vues de ses protecteurs. Ainsi, sans se douter du piège qui lui était tendu, et par une ambition ridicule, parce qu'elle était sans objet pour lui, il voulut attirer dans cette Imprimerie toutes les impressions commandées pour le service public. A force de démarches et de sollicitations, il parvint à faire supprimer l'Imprimerie des Administrations, celle du Comité de salut public, et à faire enlever aux autres Imprimeries particulières les travaux dont elles étaient précédemment chargées.

Mais bientôt aussi les dépenses n'eurent pas plus de bornes que les attributions. Elles s'étaient accrues dans une proportion tellement effrayante, que la Commission des dépenses crut y devoir mettre un terme. Arrêtée par le Comité de salut public, elle dut s'abstenir d'en connaître, malgré les plaintes et les clameurs continuelles contre les abus dont cette administration dilapidatrice fourmillait.

Au Gouvernement révolutionnaire succéda le Directoire exécutif. Ce changement n'en opéra aucun dans la régie de l'Imprimerie de la République : mêmes abus, même tolérance.

Cependant, et dès l'an IV (1797), la dénonciation contre les dilapidations, les rapines de tous genres, et contre la mauvaise gestion de cette administration se renouvelèrent avec force. En l'an V (1798), à l'occasion du budget de ses dépenses pour 1799, la Commission des finances voulut en opérer la réforme générale.

Pour ne rien donner au hasard, cette Commission imagina des conférences entre le directeur de l'Imprimerie de la République,

---

dues, par une nouvelle translation de cette Imprimerie au palais de Rohan, qu'elle va être encore forcée d'évacuer.

deux de ses collaborateurs d'une part, et trois Imprimeurs de l'autre.
J'y fus appelé avec MM. Dupont (de Nemours), alors membre des
Anciens, et Couret de Villeneuve, ancien Imprimeur d'Orléans,
dont les connaissances et l'habileté ne pouvaient être révoquées en
doute. Elles se tenaient en présence des membres du Comité et du
Ministre de la justice, que le Directoire alarmé avait expressément
chargé d'y assister. Il crut devoir soutenir et approuver, et le système d'organisation, et la gestion d'une régie qui ne voulait point
rendre de comptes, aux abus de laquelle, comme surveillant et
ordonnateur, il aurait dû s'empresser de mettre un terme. Cependant
les résultats d'une discussion aussi vive que lumineuse étaient loin de
tourner à l'avantage des agens de la régie ; leur position devenait
chaque jour plus critique ; chaque jour la Commission devenait plus
sévère.... Le Directoire mit fin aux conférences par l'envoi au
Conseil des Cinq-Cents d'un message relatif à l'organisation de
l'Imprimerie de la République, avec invitation de s'en occuper
dans le plus bref délai. Ce message fut renvoyé à une Commission,
dont les membres, entièrement dévoués au Directoire, avaient été
désignés d'avance. Les papiers relatifs furent remis à cette Commission ; et dès-lors les conférences furent interrompues au grand
contentement de tous les intéressés.

Le rapport de la Commission fut aussi partial qu'on devait s'y
attendre. Il était pour la plus grande partie l'ouvrage du Directeur
lui-même.

La résolution ne remédiait à aucun des abus dénoncés ; elle donnait seulement une plus grande extension aux attributions de l'Imprimerie de la République, contre lesquelles on n'avait cessé de
réclamer. Elle fut défendue avec une véhémence et un emporte-
ment vraiment inconcevables, et passa, non sans de très-grandes
difficultés : on alla jusqu'à injurier les contradicteurs de la régie,
ainsi que les Imprimeurs appelés à la Commission des finances ;
et même ceux de Paris, qui avaient cru devoir réclamer les impres-

(8)

sions dont ils avaient été dépouillés sans en avoir été payés. Mais ils avaient démontré qu'ils travaillaient à beaucoup meilleur marché que la régie ; et leur grand crime était d'en dévoiler les secrets.

Il eût été cependant heureux pour ces Imprimeurs, comme pour moi-même, de n'avoir jamais eu affaire, dans ces temps désastreux, à de pareils Gouvernans ; nous n'aurions pas notre ruine commune à déplorer ; ceux-ci avaient du moins à espérer que la continuation de leurs travaux les amènerait à un paiement total et définitif. Mais le discrédit total et absolu des assignats, cause première et principale de mes malheurs, les aurait également atteints.

Les plaintes de ces premiers pouvaient les faire taxer avec raison d'intérêt personnel. Pouvait-on, de bonne foi, faire un semblable reproche aux trois Imprimeurs appelés par la Commission des finances ? N'étaient-ils pas des experts non salariés, et auxquels l'accroissement ou la réduction de l'Imprimerie Impériale était, quant à leur propre intérêt, parfaitement indifférente ? M. Dupont (de Nemours), revêtu d'ailleurs du caractère respectable de membre du Conseil des Anciens, et M. Couret de Villeneuve, n'étaient plus imprimeurs, et n'avaient rien eu de commun avec les administrations. J'étais trop étranger à l'ambition de diriger l'Imprimerie Impériale. Aussurément je n'aurais pas voulu de cette direction, même accompagnée d'un traitement considérable. La défiance et le soupçon ne devaient, ne pouvaient cesser de planer sur le Directeur d'un établissement dont l'organisation vicieuse était la source d'autant d'abus. Mon confrère, P. Didot, aussi recommandable par ses talens que par sa probité ; a toujours partagé ce sentiment qui a motivé son refus de succéder au premier Directeur.

La résolution du Conseil des Cinq-Cents fut présentée à l'acceptation de celui des Anciens. Elle fut rejetée par la presque totalité de ses membres, indignés des spéculations honteuses auxquelles cette résolution continuait de donner ouverture. Ce ne fut pas

faute de démarches et de zèle de la part des défenseurs de la régie ,
si le succès ne répondit pas à leurs efforts.

Mais le Directoire exécutif ne fut ni déconcerté ni rebuté du
peu de succès de son message; il convertit en arrêté la résolution
rejetée , et s'insurgea ainsi contre l'autorité de la loi. Aucun député n'eut le courage de s'élever contre un semblable attentat ,
contre un excès de pouvoir aussi monstrueux.

Ces assertions, ces faits sont constatés par les discours, motions,
rapports et journaux du temps. Jusqu'en 1808, l'arrêté du Directoire fut la seule base sur laquelle reposa l'existence de l'Imprimerie
de la République; en vertu de cet arrêté, le Tribunal de cassation,
qui s'était choisi un Imprimeur particulier, fut obligé d'y faire porter
ses impressions.

Cependant les caractères exclusivement destinés à l'usage du Gouvernement, servaient à des impressions particulières qui lui étaient
absolument étrangères; et quoique ces impressions eussent été effectuées avec les caractères et les autres matériaux appartenant à l'Etat,
tout ce qui excédait ses avances et déboursés n'était pas reçu à son
profit ;

Des retenues, dont il n'a jamais été possible de connaître l'emploi, et dont il n'a jamais été rendu compte par le Directeur, ont
été faites aux ouvriers qui manquaient de se rendre aux heures
fixées au travail alors payé à la journée; abus auquel l'organisation actuelle a remédié ;

Des compositions de tableaux, d'états souvent réimprimés, figuraient dans les mémoires comme effectués chaque fois, quoiqu'il
ne fût dû qu'un léger droit de magasinage de ces compositions soi-
gneusement conservées ;

L'établissement renfermait une multitude d'employés inconnus
dans les autres Imprimeries, et nombre de ces employés, portés
sur les contrôles, n'y ont jamais paru que pour émarger les états
d'appointemens;

Des dépenses particulières à l'établissement, telles que l'entretien des bâtimens (1) et du matériel de l'Imprimerie, de constructions nouvelles, de grosses réparations, étaient enflées et exagérées, et plusieurs figuraient dans les mémoires, quoiqu'il fût évident qu'elles n'eussent jamais été faites ;

Des fontes entières ou des assortimens de caractères étaient commandés et exécutés sans nécessité ; des caractères étaient mis au creuset, quoiqu'ils pussent servir, afin d'éviter la peine de les remettre en ordre. De-là l'occasion d'acheter des matières premières ;

Des impressions défectueuses et non conformes au modèle n'étaient pas renvoyées pour le compte du Directeur : après avoir été payées, elles étaient remises au rebut et refaites aux frais du Gouvernement ;

Tous les marchés étaient faits et passés sans aucune des précautions requises dans une administration sage et bien dirigée, et dont la responsabilité du Directeur, si elle n'avait pas été chimérique, lui imposait la loi ;

Ces mêmes marchés, notamment sur le papier, donnaient lieu à des abus révoltans. Le Directeur faisait seul les achats, passait seul les marchés, qui n'avaient d'autre vérificateur, d'autre contrôleur que lui-même. Il suffisait d'apporter au Ministre ordonnateur le certificat du Directeur, que les fournitures mentionnées aux mémoires présentés avaient été effectuées, pour qu'ils fussent ordonnancés sans autre examen.

Les papiers étaient-ils identiques avec les modèles doubles, signés et paraphés *ne varietur*? Étaient-ils du même poids, de la même qualité que ces modèles ; d'une valeur équivalente aux prix con-

____

(1) On avait présenté comme dépense annuelle une somme de 600 fr. pour achat de mort aux rats. Assurément ces rats-là n'étaient pas les plus pressés à détruire.

venus et arrêtés? . . . . Tous ces détails si essentiels étaient entièrement négligés.

Il en était de même pour les impressions. Le *visa* du directeur
au bas des mémoires, avec la mention qu'ils avaient été *vérifiés*
par lui, suffisait pour que l'ordonnance en fût délivrée, sans plus
de formalités.

On conçoit aisément le but secret et particulier d'une telle conduite.

Quelques-uns des défenseurs de l'Imprimerie de la République
espéraient y trouver des places pour leurs parens et leurs créatures.
D'autres, séduits par la grandeur de l'établissement, avaient conçu
qu'il était, pour l'État, d'un produit immense; ce qui devait faire
taire toutes considérations d'intérêt particulier : on ne cessait d'ac-
cuser d'égoïsme les adversaires de cette Imprimerie, et de vanter
les grands avantages qu'en tirait le Gouvernement : ces avantages
étaient, suivant la régie, un produit réel, une belle exécution et
une célérité incroyable dans le service; mais elle se gardait bien de
faire connaître la source de ce bénéfice absolument étranger au
travail de l'Imprimerie, puisqu'il n'en provenait point, ni de dire
à qui ou à quoi il était appliqué; ce n'était sûrement pas au profit de
l'État. On ne saurait contester les soins apportés à quelques-unes des
impressions, mais la plupart n'offraient point une meilleure exécution que dans les autres Imprimeries : l'on oubliait de dire aussi à
quelles bévues, à quelles méprises la confusion qui régnait dans cette
administration donnait souvent lieu. Enfin, la célérité du service
était imaginaire, puisque des plaintes continuelles sur les retards
apportés aux fournitures ne cessaient de se faire entendre; pour
une administration bien servie, d'autres étaient négligées : mais
quel intérêt d'y faire attention, puisque les ordonnateurs étaient
dans l'obligation absolue de porter leurs impressions à l'Imprimerie
de la République?

Jamais la régie n'a rendu de comptes, du moins jusqu'en 1808;

ainsi l'on n'a jamais pu connaître l'emploi réel des sommes qu'elle
a reçues. Je suis éloigné de croire que le premier Directeur ait
été admis à leur partage ; et lors même que ces sommes auraient
été affectées à des dépenses louables et utiles en elles-mêmes, ce
Directeur n'était pas moins répréhensible de se prêter à des actes
illicites qui compromettaient essentiellement sa responsabilité et
l'exposaient à une accusation fondée d'improbité et de malversa-
tion. Il n'eut pas le courage de désobéir à des ordres coupables,
parce qu'il craignait de perdre sa place et davantage encore, comme
dépositaire d'un secret dont on pouvait craindre tôt ou tard la ma-
nifestation. Cette faiblesse a causé sa fin déplorable. En effet,
lorsque des comptes, impossibles à rendre, lui furent inopinément
demandés, soit par les Commissaires de la Comptabilité, soit par le
Ministre intègre et sévère du trésor public, alors en place, il perdit
la tête..... et cessa d'exister.

J'ai plus d'une fois déploré cette preuve terrible, mais irréfragable
de mes assertions.

Messieurs Abrial et Lambrechts, anciens Ministres de la justice,
avaient voulu s'occuper de remédier aux désordres de la régie : ils
ne purent y parvenir, et ne demeurèrent pas long-temps en place.

En 1808, cet état de choses durait, depuis dix ans, sur les bases
arrêtées par le Directoire exécutif, malgré les tentatives qui furent
faites inutilement en 1804.

Au Directoire avait déjà succédé deux autres formes de Gouvernement. La république avait fait place à la monarchie. On aurait
donc pu concevoir quelqu'espoir raisonnable de changement si les
Gouvernemens qui se sont succédés n'avaient pas été composés ou
entourés des mêmes élémens. Eût-il été conséquent, politique,
que des abus, des dilapidations, défendus et protégés depuis si
long-temps, fussent signalés ou proscrits par ceux-là même qui
avaient eu tant d'intérêt de les défendre ou de les soutenir. Ils
avaient au contraire grand soin d'écarter tout ce qui aurait pu fixer

l'attention des hommes nouveaux, qui, n'étant point initiés dans les mystères, auraient voulu des économies et des réformes.

D'ailleurs, on peut le dire, sans insulter bassement aux malheurs du chef du dernier Gouvernement : tout ce qui était colossal, gigantesque, et hors des proportions ordinaires, souriait à l'imagination ardente d'un homme avide de toutes sortes de gloire. Séduit par la magnificence de l'Imprimerie Impériale, il n'avait pas calculé de quelles dépenses inutiles et considérables tout ce vain éclat était l'occasion.

Il faut ajouter à cette première cause un esprit de monopole et d'accaparement particulier et propre aux agens de ce Gouvernement.

Peut-être entrait-il aussi dans la politique de Napoléon de restreindre, autant que possible, l'exercice de l'Imprimerie. Les nombreux pamphlets, publiés contre lui dans l'étranger, lui avaient fait envisager dans la presse un instrument dangereux, dont l'usage principal aurait dû être réservé au Gouvernement, comme agent nécessaire à son action.

C'est donc à toutes ces causes que sont dues la ruine totale de l'Imprimerie et de la Librairie, dont l'envahissement de toutes les impressions, même de celles du Commerce, devenait l'infaillible résultat; l'usurpation de la propriété de tous les journaux; la surveillance rigoureuse, et jusqu'alors inouie, exercée envers les Imprimeurs, et surtout l'existence de l'impolitique et funeste décret du 5 février 1810.

Mais déjà la justice du Roi lui a fait tendre une main protectrice à quelques propriétaires de journaux; elle la lui fera tendre également aux Imprimeurs de Paris, par l'anéantissement du décret du 5 février 1810. Il daignera, en rendant à ces Imprimeurs les impressions administratives dont ils étaient ci-devant chargés, raviver un art qui a eu sans doute de grands crimes à se reprocher, moins les siens cependant que ceux des spéculateurs infâmes qui en ont

pendant si long-temps usurpé l'exercice (1). La profession d'Imprimeur, pendant vingt-cinq années, d'abord la proie de l'anarchie,
puis anéantie par le despotisme, fut, pendant ce long intervalle,
l'objet des spéculations des intrigans de toutes les classes et de
toutes les conditions. Des fonctionnaires publics ont eu, et ont
peut-être encore en ce moment, l'impudeur de s'emparer de l'imprimerie dans les lieux où ils commandent, et de s'appliquer le
bénéfice des impressions dont ils étaient eux-mêmes les ordonnateurs. Et tandis qu'ils se faisaient un revenu qui a dépassé 15,000 fr.
pour quelques-uns, le propriétaire de l'Imprimerie, qui n'en était
plus que le prote, se trouvait réduit à l'état d'un simple commis
aux appointemens de douze et quinze cents francs ; gain illicite et
honteux, produit d'un abus d'autorité qu'on ne saurait qualifier,
et souvent beaucoup plus considérable que ne l'aurait exigé l'Imprimeur ainsi despotiquement dépouillé de ses moyens légitimes
d'existence !

Cependant en 1808 (et déjà depuis plus de quatre ans, le premier Directeur avait cessé d'exister), les abus devinrent tellement
scandaleux, les plaintes des ministères et des administrations mal
servis, se multiplièrent au point qu'elles éveillèrent l'attention de
Napoléon ; il en fut vivement surpris, et encore plus indigné. Dans
sa juste colère, il voulait traiter le Directeur avec la plus grande sévé-
rité ; mais considérant que l'examen approfondi de la conduite de
ce Directeur pouvait amener à d'importans résultats, il nomma à cet
effet une Commission composée de trois maîtres des requêtes, que
présidait M. le Camus de Néville, le dernier des directeurs de
l'Imprimerie et de la Librairie en 1789, très-versé dans cette partie.

____

(1) Il ne faut pas confondre la liberté de la presse, c'est-à-dire le droit
d'émettre son opinion par le moyen de la presse, avec la liberté d'avoir des
presses, et d'imprimer. L'imprimerie est au moral ce que la pharmacie est au
physique. Le débit des substances vénéneuses ne peut être indistinctement confié
à tout le monde : au moral, il ne peut être permis d'être impunément, et dans
l'ombre, calomniateur et faussaire.

Ils devaient également s'occuper d'une nouvelle organisation de l'Imprimerie Impériale. Le tout devait être rapporté en Conseil d'Etat. On voit que l'intention manifeste du chef du Gouvernement était de mettre une grande solennité à cette affaire.

Les magistrats chargés de cette mission aussi désagréable que délicate, ne crurent point réunir assez de connaissances en typographie pour la bien remplir. Ils s'environnèrent d'experts. Deux Imprimeurs et quatre Marchands de Papier furent réunis et consultés. De leurs documens devait résulter le travail qu'ils avaient à présenter. Dira-t-on de quelle indignation ces magistrats furent saisis au déroulement de tous les désordres, de toutes les dilapidations, s'élevant à plusieurs millions, qu'ils avaient été appelés à connaître ? Elle était telle qu'ils la manifestaient publiquement. On conçoit aisément à quelles alarmes le rapport très-prochain qui allait être fait en Conseil d'Etat devait donner naissance.

Mais tout-à-coup, et au moment où ces magistrats allaient présenter leur rapport, deux d'entre eux reçurent l'ordre de se rendre l'un à Bayonne et l'autre à Rome ; j'ignore si le troisième ne fut pas également éloigné. La Commission fut ainsi dissoute, non de droit, mais de fait, et le rapport n'eut pas lieu. Ainsi fut détourné le coup qui devait frapper à la fois le chef pour le punir, l'établissement pour le réformer et le circonscrire dans ses anciennes limites.

Tous les papiers de la Commission furent remis à un Ministre d'Etat qui s'occupa de la nouvelle organisation. Je n'ai pas été étranger à ce dernier travail ; mais le Ministre crut devoir adopter le système de la régie. Ce système, selon moi, et je n'ai cessé de le répéter en motivant mon opinion, ne peut en aucune manière convenir à une Imprimerie considérable par la nature même de ses travaux. On verra si, par ma discussion ultérieure, mes raisons sont fondées. Cependant le nouveau réglement, qui continuait d'admettre une régie dans l'Imprimerie Impériale, fut approuvé en Conseil d'Etat.

Le Directeur en fut quitte pour la peur ; il ne fut ni inquiété ni

(16)

destitué. Il ne pouvait pas l'être..... Agent subalterne, il avait dans ses mains tout ce qui lui était nécessaire pour être à l'abri de mesures sévères.... Bien plus, et pour le dédommager des longues angoisses qu'il avait éprouvées, on augmenta son traitement. Cette augmentation n'était pas assurément un témoignage de satisfaction de sa gestion; le Ministre était loin d'approuver sa conduite; mais ayant les mains liées par de puissantes considérations, il avait dû oublier le passé pour ne s'occuper que de l'avenir. L'intendance et la surveillance de l'établissement furent, comme je l'avais proposé, confiées à un auditeur d'Etat. Le choix tomba sur le fils du dernier directeur de l'Imprimerie Royale. Justice tardive qui ne saurait compenser toutes les pertes qu'il a faites! Quelles indemnités pourraient en effet consoler de la perte d'un père!

Le directeur actuel de l'Imprimerie Royale, dont le droit à cette place est d'avoir fait le voyage d'Égypte, n'est donc plus, de fait, qu'un intermédiaire parfaitement inutile entre l'intendant général et le chef typographe; puisque, sous ce titre, c'est le premier de tous les protes qui dirige tout l'ensemble de l'établissement, tandis que chacun des autres est attaché à une division particulière.

Tous ces faits étaient essentiels à faire connaître aux magistrats qui seront appelés à cicatriser successivement tant de plaies, à guérir tant de maux, à essuyer tant de larmes, à procurer enfin des moyens d'existence aux familles ruinées par les malheurs du temps ou victimes d'odieux calculs, victimes surtout du monopole de l'Imprimerie Impériale et de l'usure..... Heureux ceux qui pourront y concourir avec eux!....

J'ai avancé dans ce Mémoire que le système d'administration adopté pour l'Imprimerie Royale ne saurait lui convenir par la nature même de ses travaux.

Cette assertion serait suffisamment prouvée par le parallèle de la gestion de MM. Duperron jusqu'en 1793, et celle des deux

Directeurs des Imprimeries de la République et Impériale depuis cette époque jusqu'en 1808. Et quoique l'organisation actuelle doive présenter moins d'abus et moins de vices, parce que les mêmes motifs de dilapidation n'existent plus, je ne persisterai pas moins à soutenir que le système de la régie doit être proscrit pour l'Imprimerie Royale. J'aurai certainement pour défenseur de mon opinion, et dans l'intérêt de l'État, son administrateur supérieur qui ne pourrait être d'un avis différent sans faire la critique de l'administration de son père et de ses ancêtres.

Dans l'Imprimerie Royale, telle qu'elle est actuellement organisée, et en ce moment même, le travail ne saurait couvrir les dépenses : ce qui est fréquemment arrivé, surtout depuis quatre ans.

Ainsi, qu'il y ait peu ou point de travail à l'Imprimerie Royale, ses agens, dont le paiement est mensuel, n'en sont pas moins bien, ni moins régulièrement payés.

Quand la totalité des ateliers n'est pas en activité, l'intérêt et l'entretien de tout le matériel qu'il a fallu créer pour mettre trois cents presses en mouvement, demeure tout entier à la charge de l'Etat ; il est exposé à des avaries considérables qui ne peuvent se réparer sans de grandes dépenses.

Elle occupe alors un local beaucoup trop vaste, dont l'entretien, les réparations, les constructions nouvelles, qu'un surcroît de travail avait nécessités, deviennent absolument inutiles. Si l'on pouvait en réunir tous les mémoires depuis 1793, on serait vraiment effrayé du capital immense auquel ce seul genre de dépenses s'élève, sans y comprendre toutes les autres dépenses accessoires.

Les impressions à l'entreprise n'exposent jamais à de semblables pertes ; car l'entrepreneur n'est payé que de ce qui lui a été commandé, et qu'il justifie avoir livré.

Le régisseur qui n'a point, comme l'entrepreneur, un intérêt vif et pressant de ne faire que les dépenses strictement nécessaires dans son établissement, n'y saurait apporter le même zèle, la même surveillance, le même soin. Pourvu que le régisseur soit exactement payé à la fin de chaque mois, que sa responsabilité soit mise à couvert par ses pièces de comptabilité, peu lui importe qu'il y ait plus ou moins de dépenses ; que les consommations aient été plus ou moins rapides, enfin que le service soit plus ou moins exact, surtout quand il y a une étroite obligation de ne traiter qu'avec lui seul.

Il n'en saurait être ainsi de l'entrepreneur ; s'il veut prospérer, l'économie la plus sévère, la surveillance la plus soutenue, sont une loi dont il ne saurait s'écarter sans s'exposer à la perte de la confiance qui alimente son établissement, et, par conséquent à sa ruine ; car il a autant de surveillans que de rivaux, et ceux-ci, sans parler d'autres intrigues, se feraient un titre du mécontentement qu'il aurait excité, pour chercher à le supplanter. On renvoie à l'entrepreneur les impressions mal faites, tandis que la régie n'est exposée à aucune perte semblable que supporte toujours le Gouvernement.

MM. Duperron n'étaient payés que des impressions commandées et livrées. Ils n'avaient recours à aucun ordonnateur particulier pour se faire payer des dépenses accessoires non comprises dans leur tarif. Comme les autres Imprimeurs, ils étaient entrepreneurs; Ils offraient dans leurs personnes et leur fortune une garantie, une responsabilité que n'ont jamais présentées les régissseurs, quoiqu'ils fussent chargés d'une administration de toute autre importance. L'inactivité de l'établissement n'aurait pu préjudicier qu'à eux seuls ; mais ils n'avaient point à l'appréhender, puisque sa consistance était très-sagement proportionnée aux besoins.

Il est sans doute inutile d'étendre davantage cette discussion.

Maintenant il ne me reste plus qu'à réfuter l'argument mis sans cesse en avant par les régisseurs de l'Imprimerie Impériale, soit pour justifier leur monopole, soit pour le faire maintenir. Cet argument est spécieux, parce qu'il semble être le résultat de calculs positifs, mais qu'ils n'auraient jamais osé mettre en avant, s'ils n'avaient eu la certitude que la preuve n'en serait point exigée.

Dans les imprimeries ordinaires les mémoires d'impression se composent de quatre articles :

1°. La main-d'œuvre,

2°. Les étoffes,

3°. Le papier,

4°. Le bénéfice.

L'Imprimerie Royale ajoute un cinquième pour séchage et façon.

Pour les étoffes (j'ai déjà donné la définition de ce mot), et pour le bénéfice, les Imprimeurs ordinaires se font payer soixante et même soixante-quinze pour cent de la main-d'œuvre. L'Imprimerie Royale ne compte que trente-sept et demi pour cent pour ces deux objets.

Il résulte, suivant elle, au profit de l'Etat, un bénéfice de vingt-deux et demi pour cent sur les impressions dont elle est chargée.

Si l'économie que présente ce calcul était réelle, l'argument serait victorieux et sans réplique ; mais il n'est que fictif, et je vais le démontrer ; si la régie veut produire ses comptes, il sera facile de s'assurer de la vérité de mes assertions :

1°. La main-d'œuvre et le papier sont plus chers à l'Imprimerie Royale que dans le commerce : par conséquent tout l'excédent de la main-d'œuvre et du papier doit être reporté aux trente-sept et demi pour cent et les accroît d'autant ;

2°. L'Imprimerie Royale ne paie pas de contributions ;

3°. Elle est logée gratuitement ;

4°. Les dépenses de réparation et d'entretien du fonds sont payées par les ordonnances particulières du Ministre de la justice ;

5°. Ses caractères doivent lui revenir à meilleur marché, parce qu'elle épargne le bénéfice légitime que fait le Fondeur de caractères sur les Imprimeurs ;

6°. Elle est indemnisée du séchage et de la façon des objets imprimés ; ce qui doit être ajouté encore aux trente-sept et demi pour cent, puisque cet article est confondu dans les soixante pour cent perçus par les Imprimeurs. Ainsi tout le bois brûlé dans l'établissement est payé par cette taxe particulière ;

7°. L'intérêt du fonds n'a entré pour rien dans la balance de la recette et de la dépense de l'Imprimerie Impériale, quelle qu'ait été par intervalle l'inactivité de la plus grande partie de l'établissement;

8°. Il est de notoriété que les Imprimeurs chargés d'un travail continu et de quelque importance diminuaient d'autant leurs étoffes et bénéfice. C'est un fait dont je puis administrer personnellement la preuve.

9°. Elle n'a pour ses paiemens aucun risque à courir.

La fixation de trente-sept et demi pour cent n'est donc que fictive ; la preuve de cette assertion se trouve dans les comptes même de la régie. On verra que jamais, et en aucun temps, les trente-sept et demi pour cent n'ont pu couvrir les dépenses, et que le déficit a été comblé par la recette de l'abonnement des lois, dont on a fait un impôt forcé sur toutes les Communes, ou bien, et en cas d'insuffisance de cette ressource, par les fonds particuliers mis à la disposition du Ministre de la justice.

Il eût été sans doute plus naturel, plus simple, d'élever le tarif d'après les prix que coûtent réellement les impressions. La comptabilité ne pouvait qu'être moins compliquée et conséquemment beaucoup plus claire ; mais il n'eût pas été possible d'imprimer au même prix que les Imprimeurs ordinaires, et alors le travail des administrations eût échappé aux régisseurs. En effet, chaque département ministériel, chaque administration n'a pas à considérer l'ensemble des dépenses de l'Imprimerie Royale ; il leur est aussi étranger qu'indifférent. Ils ne considèrent qu'une seule chose, de tirer de leurs caisses particulières le moins d'argent possible pour leurs dépenses. Il fallait donc, pour établir et maintenir le monopole, présenter à chaque ordonnateur l'appât d'un bon marché, en se réservant de faire payer en définitif au trésor royal l'excédent de la dépense.

Jusqu'en 1808, la balance de la recette et de la dépense a dû présenter un déficit énorme. J'ignore la situation actuelle de l'Imprimerie Royale depuis la nouvelle organisation ; et je suis bien convaincu que le magistrat chargé de l'inspecter ne souffrirait aucune des malversations dont la régie s'est rendue précédemment coupable ; mais je soutiens que, quel que soit l'ordre établi, le système de la régie entraîne nécessairement à plus de dépenses que celui de l'entreprise.

Mais quand la régie pourrait soutenir la concurrence avec l'entreprise (le contraire est trop prouvé par l'expérience); quand tous les faits qui militent contre la régie ne seraient pas aussi évidens, lors même que mes calculs ne seraient pas aussi précis, aussi rigoureux, serait-il convenable à la majesté royale, entrerait-il dans les vues paternelles du Roi de laisser subsister des spéculations indignes d'elles, en privant tant de familles de leurs moyens d'existence, uniquement pour maintenir un établissement gigantesque qui a fait beaucoup moins d'honneur à la France depuis vingt ans, que lorsqu'il était dirigé par MM. Duperron ?

L'intérêt de l'Etat commande impérieusement de circonscrire l'Imprimerie Royale dans ses anciennes attributions, de la rendre à son ancienne administration :

1°. Parce qu'il a été démontré que le système de la régie était préjudiciable à l'Etat ;

2°. Parce que ce changement procurera l'économie de sommes considérables dépensées sans objet ;

3°. Parce que l'Imprimerie Royale, réduite, n'aura plus besoin que d'un emplacement ordinaire. Il n'y aura plus de déplacement à craindre ; et la dépense une fois faite, le sera pour toujours. Elle ne sera pas renouvelée deux fois en six ans, par la nécessité de disposer des lieux qu'elle occupait précédemment, et encore aujourd'lui par l'obligation de restituer le palais de Rohan à ses anciens propriétaires.

Le matériel immense de l'Imprimerie Royale ne saurait former un obstacle au changement de son organisation.

- Partie de ce matériel appartient à la famille Duperron, si elle n'en a pas été remboursée ; et tout l'excédent, jugé inutile, peut être vendu aux Imprimeurs de Paris (1), à des prix fixés d'après une juste estimation. Ils ne feraient, au surplus, que rentrer dans la propriété de leurs fonds, qu'ils ont aliénés , soit pour vivre , soit pour satisfaire à quelques-uns de leurs engagemens. Les ateliers de Paris ont été frappés de paralysie par le monopole de l'Imprimerie Impériale ; et par une fatalité inconcevable, leurs propriétaires ont été forcés de procurer ainsi, à cet établissement monstrueux, les moyens de consommer leur ruine avec leurs propres ustensiles. En effet, plus de cent cinquante presses et autres objets, dont cette Imprimerie a fait successivement l'acquisition au prix le plus vil, sont les dépouilles des malheureux Imprimeurs de Paris.

Par la nouvelle organisation, le Roi jouirait d'une satisfaction bien chère à son cœur, celle de faire un acte de justice en faveur d'une famille dont le chef a péri victime de son dévouement, en ordonnant la restitution d'une partie de la fortune de l'ancien Directeur. La nomination du fils à la place que le père avait remplie avec tant de distinction, serait une consolation bien précieuse de la perte qu'il a faite, surtout si la place était environnée, comme autrefois , des honneurs et des prérogatives qui réjaillissaient sur l'art tout entier.

Que l'Imprimerie Royale existe donc, mais qu'elle existe sans abus préjudiciables à l'Etat : qu'elle existe dans le cercle que la sagesse de nos Rois lui avait tracé. Que l'Imprimerie Royale devienne l'heureuse métropole, autour de laquelle puissent se présenter, se presser les autres Imprimeries comme autant de colonies

___

(1) Les caractères exceptés, dont les vieux seraient mis à la fonte, qui pourrait ensuite être cédée aux fondeurs.

actives et par conséquent heureuses, dont elle a été depuis si long-temps le fléau.

Alors un grand nombre de familles, rendues à la tranquillité, plusieurs d'entre elles à quelque chose de plus précieux encore, à l'honneur, toutes enfin restituées au bonheur, par un concert unanime de bénédictions, célébreraient à l'envi la bienfaisance du Monarque généreux, sachant oublier les torts graves de l'Imprimerie pour la prendre, comme son auguste Prédécesseur, sous sa protection immédiate. Par cet acte aussi humain que politique, l'industrie de ce bel art soumis à de sages réglemens, tournerait toute entière au profit de la religion, de la morale, des sciences et des lettres. Il pourrait recouvrer l'estime et la considération dont il était jadis environné.

La destruction du système d'accaparement d'après lequel l'Imprimerie Royale est actuellement organisée, raviverait l'Imprimerie et la Fonderie. L'abolition du décret absurde du 5 février 1810, donnerait au commerce de la Librairie et de la Papeterie un nouvel essor. Ainsi la masse énorme des dettes de l'Imprimerie, de la Librairie et des professions auxiliaires, devenues jusqu'à présent impossibles à éteindre, diminuerait sensiblement par des liquidations successives qui, se prolongeant à l'infini, en opéreraient enfin l'acquittement total.

Ainsi tous les intérêts se trouvant à-la-fois conciliés, ceux qui ont vécu des abus que j'ai, depuis vingt ans, signalés et attaqués sans succès, ceux qui les ont constamment défendus ou protégés, peuvent seuls en désirer le maintien, les défendre ou les protéger encore.

www.ingramcontent.com/pod-product-compliance
Ingram Content Group UK Ltd.
Pitfield, Milton Keynes, MK11 3LW, UK
UKHW020912140726
13695UKWH00006B/2478